藏族

金开诚◎主编　李英子◎编著

吉林出版集团有限责任公司
吉林文史出版社

图书在版编目（CIP）数据

藏族/李英子编著.--长春:
吉林出版集团有限责任公司,2010.5
(2018.1重印)(中国文化知识读本)
ISBN 978-7-5463-3064-8

Ⅰ.①藏… Ⅱ.①李… Ⅲ.①藏族-民族文化-
中国 Ⅳ.①K281.4

中国版本图书馆CIP数据核字(2010)第097362号

藏族

ZANGZU

主编/ 金开诚 编著/李英子
项目负责/崔博华 责任编辑/曹恒 崔博华
责任校对/袁一鸣 装帧设计/曹恒
出版发行/吉林文史出版社 吉林出版集团有限责任公司
地址/长春市人民大街4646号 邮编/130021
电话/0431-86037503 传真/0431-86037589
印刷/北京龙跃印务有限公司
版次/ 2010年5月第1版 2018年1月第2次印刷
开本/640mm×920mm 1/16
印张/9 字数/30千
书号/ISBN 978-7-5463-3064-8
定价/34.80元

《中国文化知识读本》编委会

关于《中国文化知识读本》

文化是一种社会现象，是人类物质文明和精神文明有机融合的产物；同时又是一种历史现象，是社会的历史沉积。当今世界，随着经济全球化进程的加快，人们也越来越重视本民族的文化。我们只有加强对本民族文化的继承和创新，才能更好地弘扬民族精神，增强民族凝聚力。历史经验告诉我们，任何一个民族要想屹立于世界民族之林，必须具有自尊、自信、自强的民族意识。文化是维系一个民族生存和发展的强大动力。一个民族的存在依赖文化，文化的解体就是一个民族的消亡。

随着我国综合国力的日益强大，广大民众对重塑民族自尊心和自豪感的愿望日益迫切。作为民族大家庭中的一员，将源远流长、博大精深的中国文化继承并传播给广大群众，特别是青年一代，是我们出版人义不容辞的责任。

《中国文化知识读本》是由吉林出版集团有限责任公司和吉林文史出版社组织国内知名专家学者编写的一套旨在传播中华五千年优秀传统文化，提高全民文化修养的大型知识读本。该书在深入挖掘和整理中华优秀传统文化成果的同时，结合社会发展，注入了时代精神。书中优美生动的文字、简明通俗的语言、图文并茂的形式，把中国文化中的物态文化、制度文化、行为文化、精神文化等知识要点全面展示给读者。点点滴滴的文化知识仿佛颗颗繁星，组成了灿烂辉煌的中国文化的天穹。

希望本书能为弘扬中华五千年优秀传统文化、增强各民族团结、构建社会主义和谐社会尽一份绵薄之力，也坚信我们的中华民族一定能够早日实现伟大复兴！

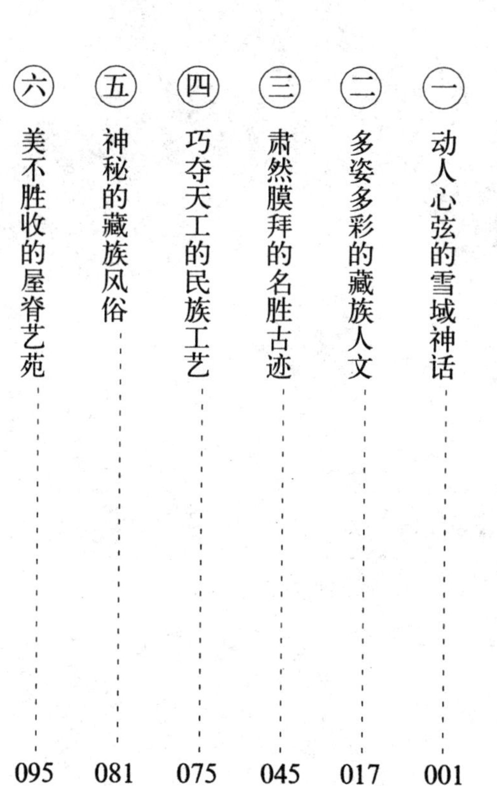

【目录】

一 动人心弦的雪域神话

青藏高原是藏族人的家园

(一) 藏族的起源

一提到藏族，大家会马上联想到藏民族赖以生存的圣土——青藏高原。那是多少向往美好和圣洁之士都魂牵梦绕的地方。让我们带着这份崇敬先来看看这片圣土的形成。在关于它来历的诸多传说中“沧海桑田传说”最为著名。

据说在很早以前，青藏高原是一片无边无际的海洋，海涛声声，海浪此起彼伏，击打着长满松柏、铁杉和棕榈的海岸，奏出明快的乐章。森林之中，重山叠翠、云雾缭绕，森林里长满了各种各样的奇花异草，羚羊成群欢快地奔跑，犀牛三五成群地迈着悠闲的步伐在湖边饮水，杜鹃、画眉和百灵鸟，在树梢欢快雀跃地唱着明亮的歌曲，兔子更是无忧无虑地在绿意盎然的草地上嬉戏。它们营造出一幅祥和、安定的美丽画卷。可是有一天，海里突然来了一条巨大的五头毒龙，把森林搞得乱七八糟，搅起万丈波浪，摧毁了花草树木，打碎了这美好的景色。生活在这里的动物为了躲避灾难，都向东边跑去，于是东边森林倾倒、草地淹没；它们又涌到西边，西边也是狂涛恶浪。正当动物们走投无路的时候，突然，大海的上空飘来了五朵彩云，变成五位慧空行

青藏高原有“世界屋脊”之称

母，她们来到了海边，施展无边法力，降伏了五头毒龙。妖魔被降伏了，大海也恢复了平静，生活在这里的小鹿、羚羊、猴子、兔子、鸟等动物，对仙女顶礼膜拜，感谢她们的救命之恩。五位慧空行母想告辞回天庭，怎奈众生苦苦哀求，请求她们留下来为众生谋福。于是五位仙女发慈悲之心，同意留下来与众生共享太平。五位仙女施法令大海退去，于是，东边变成茂密的森林，西边变成万顷良田，南边变成花草茂盛的花园，北边变成无边无际的牧场。那五位仙女则变成了喜马拉雅山脉的五个主峰，即：

云雾中的珠穆朗玛峰神秘而圣洁

祥寿仙女峰、翠颜仙女峰、贞慧仙女峰、冠咏仙女峰、施仁仙女峰，屹立在这边土地的西南部，守卫着这幸福的乐园；那为首的翠颜仙女峰便是珠穆朗玛峰，当地人民都亲切地称之为“神女峰”。

色彩绚丽的布达拉宫壁画

在古老的经书之中或是布达拉宫、罗布林卡的壁画之上我们可以看到这样一个关于诞生在雅砻部落关于藏族起源的神话，并在藏族民间广为传播。相传普陀山上的观世音菩萨，授予一只神变的猕猴戒律，命令它从南海到雪域高原修行。这只猕猴来到雅砻河谷的洞中潜修。正在猴子认真修行的时候，山中来了一个女魔向猕猴施尽了淫欲之计，并且提出要与猕猴成亲的想法。起初，猕猴反对，认为他乃观世音菩萨的徒弟，受命来此修行，如果与她成亲，岂不破了自己的戒行！那女魔用尽浑身解数，恳求猕猴，还说如果他们不能成亲，那她只好自尽了。女魔说自己乃是前生注定，降为妖魔，因和猕猴有缘，今日专门找他成亲。如果他们不能成亲，那么日后女魔必定成为妖魔的妻子，并会生下无数魔子魔孙。到那时雪域高原将是魔鬼的世界，必

传说中，猕猴从南海来到雪域高原上修行

将生灵涂炭，所以希望猕猴答应她的要求。那猕猴因为是菩萨降世，听了这番话，心中疑惑，如果他若与女魔结成夫妻，就得破戒；若不与她结合，又会造成那么大的罪恶。想到这里，猕猴一个跟头，便到普陀山找观世音菩萨，请示自己该怎么办。观世音菩萨想了想，开口说道："这是上天的意思，是个吉祥之兆。你能与她结合，在雪域高原繁衍人类，是莫大的善事。作为一个菩萨，理当见善而勇为，速去与魔女结成夫妻。"这样，猕猴便与魔女结成伴侣，后来，这对夫妻生下六只小猴，这六只小猴性情与爱好各不相同。那菩萨化身的猕猴，将

猕猴不知该如何是好，前往普陀山请求观世音菩萨赐教

有许多美丽的神话在这片热土上世代流传

这六只小猴送到果树林中，让他们各自寻食生活。

三年以后，那猕猴前去探视子女，发觉他们已繁衍到五百只了。这个时候，树林的果子也愈来愈少，食物即将枯竭。众小猴见老猴来了，便纷纷嚷道："我们将来吃什么呢！"他们个个摊着双手，模样十分凄惨。猕猴见此情景，自言自语道：我生下这么多后裔是遵照观世音菩萨的旨意，今日之事，使我伤透了脑筋，我不如再去请示观世音去，想到这里，他便来到普陀山请示圣者。菩萨道："你的后代，我可以帮你抚养他们。"于是，猕猴便奉命于须弥山中，取了天生五谷种子。撒向大地，大地不经耕作便长满各种谷物，老猴这才放心别了众小猴回洞里去。众猴子因得到充足的食物，尾巴慢慢地变短了，也开始学着说话，逐渐变成了人，这就是雪域高原上的先民。

这是一个民族起源的神话，在藏族的民间广为传播，并且认为泽当附近的贡布山上的洞穴就是那猕猴住过的洞穴，而泽当也因此而得名。

(二) 藏族的发展

藏民族作为中国多民族国家的古老成员之一，主要分布在西藏、青海、甘肃、四川、云南等省、自治区，有着悠久的历史和文化。那么藏族又是怎样形成

藏族有着悠久的历史文化

早在秦汉以前西藏土著先民就生活于此

的呢？

据考古学家认证藏区已发现和发掘出新旧石器时期和铜石井用石器等各个不同历史阶段的文化遗址多处。在聂拉木、定日、申扎、林芝、墨脱等地区也发现和发掘了不少古文化遗址。据说人类在西藏地区繁衍生息的历史已有七千年至两万年。青海、甘肃等地区发现的都属于新石器时代晚期的新石器及彩陶文化遗存物。

据汉文史料记载，古代生息、活动于今州境地区东南部河谷一带，称之为“嘉良夷（嘉梁）”“白狗羌”“哥邻人”“戈基人”等羌、氐、夷部落，为雪域高原的土著先民。

那么藏族又是怎样生存与发展的呢？相传公元前237年的一天，在山南地区位于雅砻河流域，史称雅砻（是藏民族文化发祥地，也是吐蕃王朝和帕竹王朝的发迹地）。雅砻河谷的牧人在赞唐廓西发现了一个英姿勃发的聪慧青年，他的言行举止与本地土著人不同，放牧的人们回聚居地请示如何处置这位男青年。长者派出十二个颇为聪明的苯教教徒上山，盘问男青年从哪里来。男青年用手指了指天，长者及教徒们以为这青年是从天上来的，是“天神之子”，格外高兴。十二人中为首的便伸长脖子，给这位“天神之子”当马骑，前呼后拥地把他抬回部落，并把他神化，说他是色界第十三代光明天子下凡，一致拥立他为部落首领。人们尊称他为“聂赤赞普”。藏语中，“聂”是脖子的意思，“赤”是宝座，“赞普”是英武之王。因为他是被牧人驮于颈上请回来的，故称“用脖子当宝座的英杰”。聂赤赞普是吐蕃部落的第一个首领，聂赤赞普统一了雅砻部落，建立了“博”部落，并确立子孙世袭赞普的制度。并修建了第一座宫殿——雍布拉康，雍布拉康坐落在距今拉萨 140 公里

雍布拉康是西藏第一座宫殿

具有浓郁雪域风情的雍布拉康高高屹立

的乃东县泽当镇东南不远的雅砻河谷的山岗上。这座无任何豪华可言的建筑名为“雍布拉康”，“雍”是尊母，“布”是孩子，“拉康”为庙宇，故可称谓“子母宫”。雍布拉康规模较小，它耸峙山头，面西而立，前面为一幢三层楼房，后面是一座碉堡形状的高层建筑。聂赤赞普成为西藏历史上第一个藏王。

由于在吐蕃第九代赞普布德贡甲时期，即大约东汉顺帝时期(126年)，吐蕃地区的原始宗教——本波教由吐蕃传入了州境，又由于佛教于8世纪吐蕃王朝赤松德赞时期在州内发展起来，并加上唐时吐蕃移民及驻军与当地土著部落经过多年的融合、同化，从而形成今日统一的藏族。进入 9 世纪后半期，吐蕃王室分裂，藏族地区出现长期分裂割据局面。

到了元朝，政府把藏族地区的分裂局面统一在中央王朝的统治之下，在中央设宣政院，管理藏族地区事务。这是中央在西藏设官建制的开始。

明朝承袭元朝管理制度。清统一中国后，在中央设置理藩院，并任命驻藏大臣，会同地方办理西藏事务。

7 世纪初，赞普松赞干布统一整个西藏地区，定都逻些（今拉萨），在汉文史籍中称为“吐蕃”。吐蕃建政后，在

明朝后期吐蕃进藏，西藏经济文化得到发展

吐蕃建政后，西藏各方面取得了很大的发展

松赞干布与文成公主联姻，起到了文化传播的作用

政治、经济、文化等方面有了很大的发展。

710 年，犀德祖赞普又与唐朝的金城公主联姻，由于与东部中原地带的政治、经济、文化等方面的交往，使西藏社会各方面有了很大发展。

二 多姿多彩的藏族人文

依山势建造的民居村落

在2000年人口普查统计中藏族人口在少数民族人口排序中居第九位，约有人口5416021人，主要分布在西藏自治区以及四川、云南、青海、甘肃等临近省市。主要从事畜牧业，兼营农业。“藏”是汉语称谓，本民族自称“番”，(藏语音为“博巴”)。在藏语中对居住不同地区的人有着不同的称谓：居住在西藏阿里地区的人称为“堆巴”，后藏地区的人称为“藏巴”，前藏地区的人称为“卫巴”，居住在西藏东境和四川西部的人称为“康巴”，居住在西藏北部及川西北、甘南、青海的人称为“安多哇”。“巴”和“哇”是汉语“人”的意思。

(一) 藏族的语言文字

作为雅鲁藏布江的儿女，藏民族拥有雅鲁藏布的灵气，拥有自己的语言和文字。藏族创立了属于汉藏语系藏缅语族藏语支的藏语，大致可以分为卫藏、安多、康巴三种方言。图弥三菩扎参照梵文于7世纪上半叶创制了藏文。藏文属拼音文字，由三十个表示辅音的字母和四个表示元音的符号构成，书面语与现代汉语不同，是自左向右横着书写。

(二) 藏族的分类

按照藏语的分类，与其对应的藏族

藏族文字书法作品

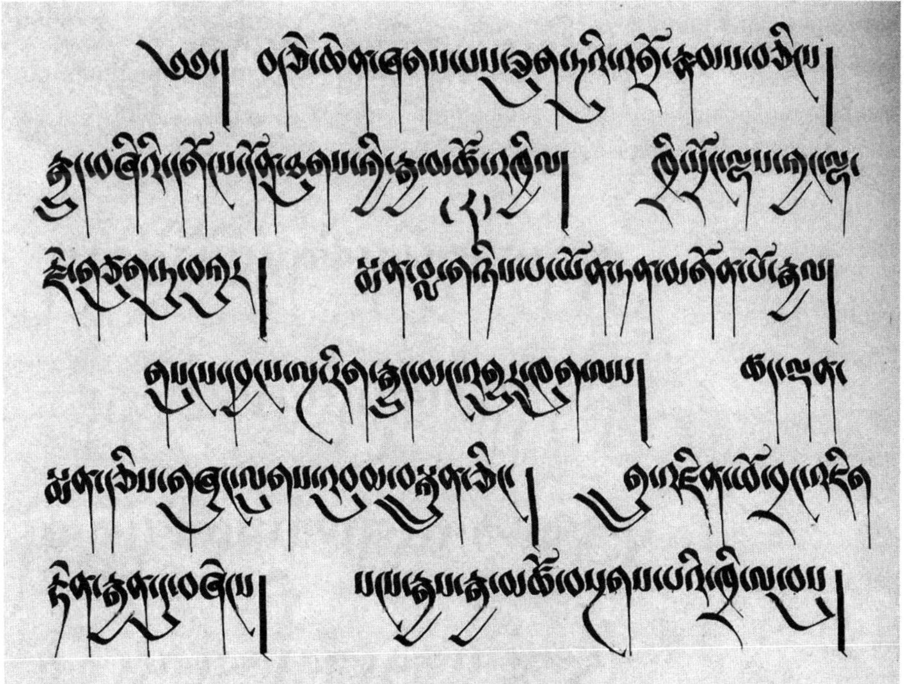

也可分为三个主要支系分别是卫藏藏族、康巴藏族、安多藏族。除这三大区外还有几个特殊支系，分别是嘉绒藏族、工布藏族、华锐藏族、白马藏族。

卫藏藏族：

“卫藏”指拉萨、日喀则一带，即传统地域里前后藏的统称。该地域还包括阿里、山南以及部分林芝及那曲地区。这一地域内的藏族在方言方面比较一致，而且在历史上，政治、经济、军事以及文化等方面也较统一，是西藏地区传统的核心地域，旧称为西藏的本部。居住于该地域内的藏族统称为卫藏藏族。

康巴藏族：

康巴藏族即康区的藏族。康区最早是指卫藏以东广阔的地区，后来这一地域又分为“康”和“安多”两部分。康区多指青藏高原东南部的横断山区，旧称“朵思甘”地区。习惯上将西藏丹达山以东的地区，东与四川西昌，雅安地区和阿坝藏族自治州相连，北与青海省玉树、果洛两州相连的地域称为康区。具体包括：西藏昌都地区、云南迪庆州、四川甘孜州、青海五树州以及那曲东南一线。

康巴藏族姑娘

安多藏族聚居在阿尼玛卿山至青海湖一带

康巴地区历史上处在汉藏过渡地带，在行政、宗教、经济和文化等方面都有明显的地域特征。康巴人最为人称道的是其直爽的性格，宗教方面尤为虔诚，有经商和远游的传统，体格相对强壮。装束上最明显的是，康巴男子多扎“英雄结”以示勇武。这种传统保持至今，拉萨街头随处可见。

安多藏族：

安多藏族的传统地域是指阿尼玛卿山西北、甘肃河西走廊一带的小积石山以西的广阔地域。安多藏族的中心在阿尼玛卿山至青海湖一带。安多藏族的着装特别华丽，冬季用的藏袍面料以丝绢

藏族男子

为主，不像卫藏等地以相对素朴的氇氆等为面料。帽子也多饰裘皮，衣帽布料上多以绿、金、黄、红等色为主的图案装饰。由于安多地区受蒙古和汉族影响较多，所以在习俗和外貌特征方面比较有特点。

嘉绒藏族：

嘉绒地区藏语全称“嘉尔木擦瓦绒”，是一个综合山名、水名与自然环境的名称。在小金和丹巴之间有一座闻名全藏的木尔多神山，“嘉尔木”即此山之山神；“擦瓦”是居住在擦曲河流域的人；“绒”为农业河谷区。

嘉绒是藏语对四川大小金川及黑

嘉绒藏族人的神庙

嘉绒藏族民居

水藏族地区的地名称呼，区域包括今天阿坝藏族自治州和甘孜州境内岷江中上游,大渡河上游的大、小金川地区。唐代吐蕃东进,驻军于大渡河、岷江一带,据险而守,军队与当地嘉良、东女、附国等各土著部落相互融合，形成了今天独特的嘉绒藏族。历史上嘉绒一带地处藏、羌、汉等多民族交融地区,加上该地区早期民族分布和融合情况更加复杂，所以嘉绒藏族带有较多糅杂特征。嘉绒话与藏语同属藏缅语系,通行藏文。

工布藏族：

在康区与卫藏交接的林芝一带,居住着珞巴人和门巴人等。这一带古称工布地区，以工布江达、林芝为中心，这一带的藏族习惯上被称为工布藏族。另外，康区木雅一带(甘孜州折多山和雅砻江之间)的藏族因其独特的语言和习俗，也称“木雅藏族”。在阿坝东北部的藏族，还分有“白马藏族”等支系。康区地势多南北纵贯河谷，很早以来便是民族走廊，这一带的藏族多为历史中各民族大交融而成，学术界多称此为“藏羌通道”“藏彝通道”等。往南延伸可达缅甸一带，在语源方面统属藏缅语系，故支系众多，但没有什么明确的族别界定，皆统称为康巴藏族。

不同藏区的藏民有着不同的生活习俗

虔诚的佛教信徒

华锐藏族：

“华锐”，意为英雄的地区或部落，是白牦牛的故乡。历史上华锐是指湟水以北，河西以东，包括青海的乐都北山、互助、门源、大通东部、甘肃的天祝、肃南皇城等藏区，其中天祝是华锐藏族的主要聚居区，人口约八万。形成华锐藏族的主体是吐蕃人，即吐蕃王朝时期吐蕃的一

藏族土坯房屋

支军队进驻定居后逐渐形成了该地区藏族的主体。华锐方言还是属于安多方言区，但华锐方言保存了大量古藏语的词汇，有些用词发音也不同于其他地区的安多语发音法。

华锐藏族自称“博”或“华锐嘎布”，男子多穿白色毡袍，反映了华锐藏族特别崇尚白色，并认同与其他地区藏族同

西藏独具特色的碉房

出一源的深刻民族观念。

白马藏族：

白马藏族主要生活在甘肃省陇南市文县铁楼乡白马河流域和四川省平武县、九寨沟县一带，人口约一万四千人。他们的风俗习惯、文化、宗教信仰都与其他地区藏族有所不同。白马藏族讲藏语，

藏族妇女

却不识藏文，普遍使用汉文。除了信仰苯教和藏传佛教外，白马藏族还信仰太阳神、山神、火神、五谷神等自然神灵，但他们一般不修庙宇，只在家供奉祖先的牌位。因此，众多的民族学和史学家认为，白马藏族是古代氐族的后裔，唐代吐蕃东征，占领了整个氐族地区，大批吐蕃军民随军而来与氐族杂居，使一部分氐族逐渐丧失了固有的文化特征，形成了藏化的氐人，也就是今天白马藏族的祖先。

白马藏族的文化有双重性和多样性的特点，语言方面有藏语同源词，也有羌语词汇。

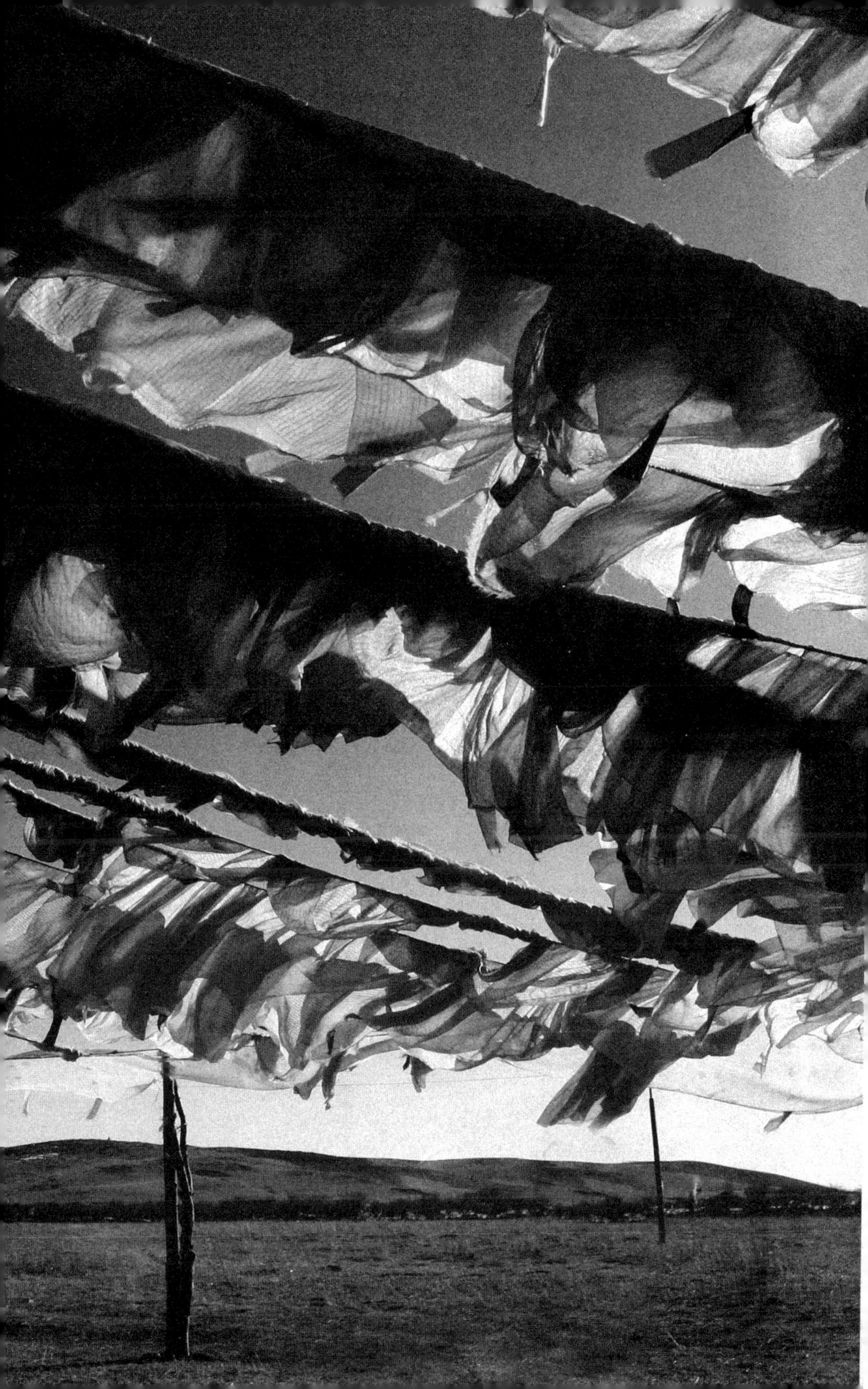

(三) 藏族名人

大昭寺法王殿内供奉的松赞干布像

松赞干布 (?—649 年) 藏族吐蕃王国的创建者。穷哇达则 (今西藏山南地区琼结) 人。629 年,松赞干布继位为赞普,在位二十多年,迁都逻些 (今西藏拉萨),削平内乱,统一青藏高原,在大臣禄东赞协助下正式建立奴隶主统治的吐蕃王国。他发展农牧业生产,推广灌溉,命人制定文字,颁行“大法令”以处理赞普王室与世家贵族、诸小邦及社会各阶层的关系,创设行政制度和军事制度,设置官职品阶,颁布律令,统一度量衡和课税制度,从中原及尼婆罗 (今尼泊尔)、天竺等地引进文化、技术,使吐蕃社会有了迅速发展。他先娶尼婆罗王女尺尊公主。641 年, 松赞干布至柏海 (今青海扎陵湖鄂陵湖) 迎娶唐宗室女文成公主,结成和亲关系。唐封他为驸马都尉、西海郡王。这些都促进了汉藏文化的交流。

八思巴 (1235—1280 年) 中国元代第一代帝师 (即元代皇帝从吐蕃请来喇嘛充当的一种最高神职),著名学者。本名为罗古罗思监藏,尊称八思巴 (意为圣者)。吐蕃萨斯迦 (今西藏萨迦) 人。1235 年 (一说 1239 年) 生于款氏贵族之家。1251年继为萨斯迦教派法主。1253年，谒忽必烈于六盘山驻地，备受崇敬。1258年，忽必烈集僧道辩论《老子化胡经》的真伪。八思巴参与了辩论，使道士词穷。中统元年（1260年），封国师，赐玉印，统领天下释教。至元元年（1264年）领总制院（后改宣政院），统辖释教僧及吐蕃僧俗政务。回乌思藏，置宣慰司等官衙后，返中都（燕京）。1269年，完成了以藏文字为基础的蒙古新字（后人称为八思巴字）的创制。次年升号帝师，大宝法王。1274年，八思巴返回萨斯迦，统治吐蕃。著作有《彰所知论》等。

宗喀巴（1357—1419年）藏传佛教格

八思巴文大元通宝

宗喀巴大师像

鲁派创始人。本名罗桑扎巴，生于中国青海西宁附近塔尔寺地方。7 岁从噶当派名僧顿珠仁钦出家学显密十年，16 岁赴藏深造，得噶当、萨迦诸师指导，学习显密宗经典，研习五论、五明。明洪武十八年（1385 年）受比丘戒，开始讲经收徒著述，并系统深入学习噶当派教法，吸取其精神，结合自己见解形成体系。从提倡遵守戒律入手，阐扬显密关系，规定学佛次第，进行宗教改革，并著《菩提道

甘丹寺一景

次第论》《密宗道次第论》等。永乐七年(1409年)，在帕竹地方政权资助下，在拉萨大昭寺举办大祈愿法会，又称传大召、传召法会，宗喀巴为主持人，被奉为西藏佛教领袖，西藏第一大教派格鲁派

教主。会后在拉萨东建甘丹寺，后宗喀巴师徒一直住此寺。格鲁派是从甘丹寺派音变而来。

(四) 藏族的民族经济

藏族以牧业为主，兼营农业。藏系绵

藏族农业以牧业为主

牦牛是青藏高原的特产之一

羊、山羊、牦牛、犏牛是青藏高原特产。高原畜牧业是藏族传统生产中的主要部门，在生产中所占比重大于农业。高原畜牧业生产有多种，牧区主要是按季节轮流转场放牧的半定居游牧类型，半农半牧区和农区则为定居游牧及定居定牧类型。畜种类型主要有藏绵羊、藏山羊、黄牛、犏牛、牦牛、马、骡、驴等。驯养牦牛、培育犏牛、种植青稞，是藏族人民在人类文明史上的特殊贡献。

农业以种植生长期短、耐寒抗旱的青稞为主，也种植小麦等农作物。手工业主要聚集于大城镇和大寺院周围，从事

藏族人也种植小麦等农作物

纺织、木、铁、陶、石等手工业的匠人使用的工具及操作技术落后。藏族家庭手工业占有重要地位，举凡盖房、制木器、纺线、织氆氇、硝皮、打酥油等，均由家庭成员或邻里换工完成。有狩猎及挖药材等副业。商业不发达，大多以物易物，小额贸易一般通用银元，区域性的大宗土特产贸易则为极少数的大领主所垄断。

（五）藏族的医药卫生

成书于8世纪的医学巨著《四部医典》是古代藏族人民智慧的结晶。藏医药学将病理概括为“龙”“赤巴”与“培根”。

诊断包括望、问、切，将疾病分为寒症和热症。治疗方法有催吐、攻泻、利水、清热等，除了内服药外，还有针灸、拔罐、放血、灌肠、导尿、冷热敷、药物酥油烫、药物浴等。藏药约一千余种，常用的有三百多种，多采用成药。藏药现今已经被大多数人认可，并得到广泛应用。

（六）独特的民居建筑

藏族最具代表性的民居建筑是碉房。碉房多为石木结构，外形端庄稳固，风格古朴粗犷；外墙向上收缩，依山而建，内坡仍为垂直。碉房一般分两层，以柱计算房间数。底层为牧畜圈和贮藏室，层高较低；二层为居住层，大间作堂屋、

藏药

藏族民居——碉楼

藏族建筑

卧室、厨房，小间为储藏室或楼梯间。若有第三层，则多作经堂和晒台之用。因外观很像碉堡，故称为碉房。

碉房具有坚实稳固、结构严密、楼角整齐的特点，既利于防风避寒，又便于御敌防盗。

牧区藏民特有的建筑——帐房

西藏民居在注意防寒、防风、防震的同时，也用开辟风门，设置天井、天窗等方法，较好地解决了气候、地理等自然环境不利因素对生产、生活的影响，达到通风、采暖的效果。

民居室内外的陈设显示着神佛的崇高地位。不论是农牧民住宅，还是贵族上层府邸，都有供佛的设施。最简单的也设置供案，敬奉菩萨。

帐房与碉房迥然不同，它是牧区藏民为适应逐水草而居的流动性生活方式而采用的一种特殊性建筑形式。普通的帐房一般较为矮小，平面呈正方形或长方形，用木棍支撑高约两米的框架；

山坡上的碉房

古朴的藏族民居

上覆黑色牦牛毡毯，中留一宽 15 厘米左右、长 1.5 米的缝隙，作通风采光之用；四周用牦牛绳牵引，固定在地上；帐房内部周围用草泥块、土坯或卵石垒成高约 50 厘米的矮墙，上面堆放青稞、酥油袋和干牛粪(作燃料用)，帐房内陈设简单，正中稍外设火灶，灶后供佛，四周地上铺以羊皮，供坐卧休憩之用。帐房具有结构简单、支架容易、拆装灵活、易于搬迁等特点。

三　肃然膜拜的名胜古迹

世界上海拔最高的建筑——布达拉宫

独特的雪域高原孕育了绚丽多彩的藏文化。在这片圣土上让人们瞠目结舌的应该是那些古老的让人肃然膜拜的名胜古迹。肃然膜拜是因为在这些名胜古迹中大多是佛教圣地。由此我们也会感受到藏族是一个敬奉佛教的民族。藏族信仰佛教的历史追溯起来至今已有一千三百多年了。7 世纪佛教从印度传入西藏,13 至 16 世纪中叶，佛教日益盛行，佛事活动频繁,佛教寺庙遍及西藏各地。著名的寺庙有布达拉宫、塔尔寺、甘丹寺、哲蚌寺、色拉寺和扎什伦布寺。当然还有古格王朝遗址和罗布林卡。

在众多的神圣建筑中布达拉宫可谓

布达拉宫每年都会接待大量的游客和朝拜者

是首屈一指。布达拉宫又称布达拉，或译成“普陀”，梵语译为“佛教圣地”。相传始建于7世纪吐蕃王朝藏王松赞干布。经过后世不断增筑，它已成为世界上海拔最高的宫堡建筑群。整个建筑宏伟壮观，分为红宫、白宫，共有四千多座佛堂、寝堂、经堂和灵塔殿，佛像有二十多万尊。布达拉宫是历代达赖喇嘛的冬宫，也是西藏地方的政治中心。这座宏伟的建筑主楼有13层，高110米，东西长360米，全部是木石结构，举世罕见。殿内有独具藏族风格的壁画，绚丽多彩、工笔细腻。还保存了大量的珍贵文物，如明清两代皇帝封赐西藏官员的诏

宁静肃穆的塔尔寺

敕、封诰、印鉴、礼品等等，还有经文典籍、佛像、法器、供器、唐卡(卷轴佛像)。神圣的布达拉宫已成为不可多得的，著名的游览胜地。

塔尔寺：

在青海湟中县，是藏传佛教格鲁派六大寺院之一，是宗喀巴的诞生地，因此于明代嘉靖三十九年(1560年)为纪念黄教始祖宗喀巴而建。塔尔寺的殿堂融合了汉式宫殿和藏式平顶建筑的传统艺术，在殿内我们还可以领略到被人们称之“三绝”的酥油花、壁画和堆绣。塔尔寺由众多的殿堂、经堂、僧舍组成规模宏大的建筑群。这座宏大的建筑群是先建塔，后扩建成寺院的。寺内又有大金瓦殿和小金瓦殿。

甘丹寺(噶丹寺)：

建于明永乐七年(1409 年)，建在西藏达孜县境内拉萨河岸旺古尔山上，是由黄教创始人宗喀巴兴建的。甘丹寺建在山顶及山坳处，规模之大可与三个布达拉宫相比。寺内主要建筑是拉基大殿和赤多康等，殿内有弥勒像和宗喀巴的铜像，高大精美。寺内的司东陀殿里有宗喀巴肉体的灵塔。赤多康是宗喀巴当年生活居住的地方。后宗喀巴的法座继承人、历世格鲁派教主甘丹赤巴也居住

红顶白墙的甘丹寺建筑在蓝天的映衬下煞是好看

哲蚌寺建筑结构严谨、殿宇相接、群楼层叠

于此寺。

哲蚌寺：

在拉萨市西北10公里，建于1416年。为宗喀巴的弟子绛央曲杰所建。全寺殿宇连接，规模宏大，是拉萨三大寺院中最大的一座。寺内包括经学院果芒、罗色林、德央、阿巴四个扎仓和错钦大殿。寺内收藏的历史文物、佛教经典及工艺美术品非常丰富，最为珍贵的是三部甘珠尔经。

色拉寺：

在拉萨市北郊，明永乐十六年(1418年）由藏传佛教格鲁派创始人宗喀巴的门徒绛钦却杰兴建。主要建筑有三个经学院结巴、满巴、阿巴扎仓。寺内存有绛钦却杰从北京带回的金写藏文《大藏经》一部，以及旃檀木雕的十六尊者像一套，还有铜铸的菩萨像，这些可谓是极为珍贵的文物。甘丹寺与色拉寺、哲蚌寺合称“三大寺”。

扎什伦布寺：

扎什伦布寺在西藏日喀则市的尼色日山下。“扎什伦布”藏语的意思是“吉祥须弥”。寺院最初建于明正统十二年（1447 年），后来经过不断扩建，成为今天这样规模宏大、筑有城垣的西藏黄教四大寺之一。也是历代班禅举行宗教和政治活动的中心。寺中保存了历代班

扎什伦布寺是西藏佛教格鲁派在藏区的最大寺院

禅的佛塔，还有各种贵重宝器，如明清两朝皇帝颁发班禅的金玉印章、封诰敕书及镌有八思巴文的元代“大司徒印”印章。这座豪华雄伟的寺院是我国重点文物保护单位。

被风雨侵蚀的古格王朝遗址

古格王朝遗址：

位于西藏扎达县象泉河畔的土山上。古格王国创建于10世纪前半期，当时吐蕃王朝已经衰亡，赞普朗达玛的后裔尼玛衮来到扎达县和布让、托林一带建立古格王国。先后世袭十六个王。遗址占地约十八万平方米。房屋建筑、佛塔、洞窟遍布全山，达六百多座，地下有地道相通，外围有石基城墙，城角有碉堡，周围还有铁甲、盾牌、箭杆等遗物。城中保存较好的庙有五座，庙中的泥塑佛像和优美的壁画仍在。遗址对于研究西藏历史和10世纪以来藏族古建筑史都提供了重要的实物资料。

罗布林卡：

“罗布”藏语音译，“宝贝”之意。“罗布林卡”意即“宝贝园”或“珍宝国”。曾译为“罗布岭岗”“隆市岭卡”“御东园”。位于西藏拉萨市西郊。始建于18世纪40年代，因七世达赖格桑嘉措常来此沐浴。修建了“乌尧颇章”(藏语意为宫殿)，他

罗布林卡既有西藏高原的特点，又吸收了内地园林的传统设计风格

又修了第一座以他名字命名的“格桑颇章”宫殿。现全园占地面积三十六万平方米，共有房屋三百七十四间，主体建筑除“格桑颇章”以外，还有“金色颇章”“达登明久颇章”两座宫殿。

丘桑温泉：

传说黄教宗喀巴大师到西藏各地去朝拜，当他来到林芝时，不小心脚被竹子刺伤，感到疼痛难忍，他只好拄着拐棍一瘸一拐地继续去朝拜，当他来到堆龙丘桑时，看到山上有一个温泉，即现在的丘桑温泉，他看见一只双脚受伤的乌鸦飞到温泉边，把双脚泡了泡，不一会儿，乌鸦的脚竟奇迹般地好了起来。于是他也把双脚泡在温泉里，他的脚果真也好了。他把那根用竹子做的拐棍扔在山里回到了拉萨。

直到现在，温泉东北方向的山上还能看到一支“竹子”。温泉的南边有一眼泉水，称“亚曲”，人们通常到这里洗头，还要喝上几口，能治鼻炎，在温泉的中间有一个叫“面吉”的岩石，传说藏王松赞干布的太医玉托·云旦贡布在此采过药材。这“面吉”是天然形成的，据说是玉托·云旦贡布的药箱，温泉内还有自然形成的21个百度母像。尤其神奇的是，这个温泉有独特的疗效作用，主要治关节炎、胃病、骨折等疾病，另外还可起到调

美丽神秘的谷布神山

节血压和减肥的功效。因此，人们通常在春秋季节去温泉洗浴治病。

谷布神山

谷布神山是康区十八座神山之首，位于昌都县日通乡与如意乡交界处，距县城 40 公里。

该山是昌都附近最高的山峰之一，海拔 5400 米左右，登上峰顶，周围的群山尽收眼底，着实有“会当凌绝顶，一览众山小”之意境。传说在很久以前，有一只巨型鹏鸟从远方飞来，栖息在此时，在山顶啄穿一个大洞，故称之为琼普，意为大鹏穿透的溶洞。

谷布山势雄伟，异峰突起，山顶是

谷布神山旁湖水清澈，景色旖旎

藏传佛教是藏族传统文化的基础

裸露的石灰岩。由于海拔高，所以处处可见高原岩溶经历几千万年日晒雨淋所形成的石芽、石柱、溶洞。

位于谷布半山腰有一个乃宁洞，是该山规模最大、知名度最高的一个洞，传说莲花生大师在此修行过。洞口处建有不少佛塔和塑像，洞口虽小，沿内则是巨形的溶洞，至少可容纳二三千人，堪称全区第一大洞。

在该山东面半山腰的岩石山有称之为昌都三大活佛的圣湖，在海拔这么高、水源不足的岩山能看到湖泊，可以说是谷布神山的一处奇观。

仁钦林寺：

在拉萨市墨竹工卡县境内，海拔3750米。仁钦林寺由止贡噶举高僧强斯根郭仁钦于1416年（藏历第七绕迥之火猴年）修建。关于该寺的创建历史有这样一段传说：止贡噶举巴克珠·德哇迅鲁弟子强斯根郭仁钦得到施主冲朗卡白桑布的资助后，按照茹托索朗坚赞活佛遗嘱，来到墨竹舍尔多修建庙宇。可是该地有两个叫舍尔多的地方。因此强斯根郭仁钦只好供神施食子指点，之后突然降下一只乌鸦叼走了施食子，飞到河南岸树枝上，于是他认为这是神显灵指点，就决定在河南岸树枝旁修建寺庙，取名“仁钦林”。开始规模不大，只有一间佛殿和几间僧舍；后逐渐发展壮大，形成了8600平方米的面积，有176名僧人的寺庙，称为“大宝寺”。

仁钦林寺坐西朝东，面临墨竹河，背倚山峦，景色宜人。建筑系用石块砌成，由经殿、依怙殿、僧院、僧舍等组成的三层藏式平顶楼。

寺内大经堂面阔5间，进深5间，有柱16根，其中有4根长柱直通二层之上。殿内主供释迦牟尼佛泥塑像，其左右供有檀香木十一面观音和三世佛、第五世达赖（阿旺·罗桑嘉措）等泥塑佛像多尊；在经架上摆满了用金、银、珍宝

仁钦林寺的建筑色彩艳丽明快

宏伟的仁钦林寺主殿

合计写成的101卷《甘珠尔》和《丹珠尔》大藏经各一套，以及《十万颂》(佛第二次转无相法轮时所说经典之一）等其他经书多部。殿内四壁遍绘格鲁派题材的壁画；堂内悬挂有许多宗教题材和历史题材的唐卡。夏叶康有4根柱，殿内主供释迦牟尼镀金铜像，其左边供有弥勒佛和强斯根郭仁钦泥塑像，右边供有燃灯佛和朗卡白桑泥塑像，旁边供有高一层的强斯根郭仁钦和圣者绕久帕的镏金铜镀灵塔；四壁泥塑护法神等其他镏金铜和经书多部。衮康有两根柱，内供有高一层的胜乐五佛铃之一的本尊佛泥塑像，供有由班钦索朗扎巴塑造的高一层的四臂依怙护法神泥塑像，还供有天女旃扎日、墨竹守护神斯益查坚玛泥塑像；殿内四壁绘有羊、虎、马、狮等人头兽身壁画。

第二层楼上的热不赛即明辉佛殿，有4根柱，内从至尊绿度母镏金铜像和密集金刚8岁身量的镀金铜像，嵌饰各种珍宝；供有第五世达赖和法尊罗布嘉措银铸像、本尊13佛和四臂观音镀金佛像。佛龛里供有噶当小塔一百多座，系响铜铸造；经橱内有各种经书。强巴拉康，有2根柱，内有各种珍宝嵌饰的弥勒佛镀金铜像、泥塑药师八如来和多尊镀金、

寺庙中的游客络绎不绝

响铜和银铸造的佛像。

第三层楼上有仁钦林寺历代活佛的卧室，长号、唢呐，神鼓、长柄鼓、铜银质地的经水盏等各种法器和法衣。

止贡提寺：

亦称“直工寺”“直孔寺”“直贡帖寺”。在拉萨市之墨竹工卡县境内，位于县驻地以北仁多岗乡、血弄藏布北岸山坡上。仁多岗距县驻地 61 公里，县城距自治区首府拉萨 73 公里。

止贡提寺由帕木竹巴弟子木雅贡仁建于 1179 年，止贡巴·仁钦贝护建成为大寺，名“止贡提”，即止贡噶举派的中心主寺。1179年在墨竹工卡的止贡地方，在原有小寺的基础上扩建成为一座大寺，这就是著名的止贡提寺。止贡巴的名字由此寺名而来，他所传的教派也就被称为“止贡噶举”(藏传佛教噶举派帕竹噶举支派之八小支派之一)。

止贡提寺主要由经堂、佛殿、藏经楼、坛城、护法神殿和修禅密室组成。其中灵塔殿最为壮观，高3层，主供杰觉巴灵塔，塔内装藏有噶举派历代祖师舍利子、印度8大持明和80位居士的衣物、金铜聚莲塔数十座、佛经和许多珍贵药材等。在扎西果芒殿内主供杰喇嘛塑像，其右侧供有二层楼高的大威德金刚泥塑

止贡提寺建筑一隅

像和金银质菩提大佛塔；南面为止贡历代法台的红色法座，极为神圣。贡康（护法神殿）内供有杰觉巴、释迦能仁、龙树大师等塑像，供有杰觉巴脚印、止贡护法神阿杰确吉卓玛金铜塑像及铜质佛像数百尊。修禅密室散落在主殿四周，只有一个小木门和一个小窗户，面积6–7平方米。据说目前有二十多名喇嘛正在修禅，有的喇嘛快修满三年三个月零三天。修满者可得到“仓巴”（修禅者）的称号，时间长者为三年三个月零三天，短者也要三个月。拙火定（即修丹田生热的脐轮火法）是噶举派的一种密法，也是该寺一大特色。到目前为止，该寺修成拙火定的只有2人：巴穷仁布切（已于1990年94岁时圆寂）和丹增尼玛。修成拙火定的人能在冬天将刚从水中捞出的袈裟披在身上烤干；如果下了雪，他在屋内发功后屋顶上的雪即刻可以融化。

山巅上的止贡提寺仿佛云中圣地

止贡提寺每年藏历3月28–29日要跳金刚神舞。从藏历2月开云贵，全寺僧人便集中诵经，持续一个月。念经期间，用彩粉绘制坛城，用糌粑做一个人形怪物“棱嘎”，被当做教敌或邪恶的化身。3月28–29日正式表演神舞。众

现在看到的蔡巴寺是20世纪50年代初重新翻修的

神要把“棱嘎”砍成碎块用火烧掉，象征教敌与邪魔已被斩尽，教法如旭日东升庇护众生。

蔡巴寺：

在拉萨市区境内的蔡公堂乡，距拉萨10公里。当地群众称之为“扬庚寺”。是向·尊珠扎巴1175年建造的。

向·尊珠扎巴（1122—1193年），原名“达玛扎”，26岁出家后改称“尊珠扎”，后来人们称他“蔡巴喇嘛向”。他是西藏佛教史上的著名人物，是蔡巴噶举的创始人，“蔡巴噶举”即由蔡巴寺而得名。

向·尊珠扎巴和帕竹·多吉杰波（帕竹噶举创始人）、宗喀巴（格鲁派创始人）合称为“西藏三宝”。

蔡巴寺后期不幸被毁，现在看到的蔡巴寺是20世纪50年代初重新修建的。其规模比原寺小得多，原措钦大殿内有长柱4根、短柱36根，现存措钦大殿内只有长柱4根、短柱8根。后面和两侧的佛殿原供有释迦牟尼的泥塑像两尊、合金铜铸造的向·尊珠扎巴像一尊，还有释迦牟尼、药师、先知王、宣法海、边善胜祥、纯金无垢、妙相普和妙音王宣吉祥镀金铜像、35尊忏悔佛（是释迦佛与三十五佛共坐禅于一起，对凡有“五无间”的罪人进行忏悔、训化的场面。三十五佛依次为：释迦牟尼佛、金刚不坏佛、宝光佛、龙尊王佛、精进军佛、精进喜佛、宝火佛、宝月光佛、现无愚佛、宝月佛、无垢佛、离垢佛、勇施佛、清净佛、清净施佛、婆留那佛、水天佛、坚德佛、旃檀功德佛、无量掬光佛、光德佛、无忧德佛、那罗延佛、功德华佛、莲花光游戏神通佛、财功德佛、德念佛、善名称功德佛、红炎幢王佛、善游步功德佛、斗战胜佛、善游步佛、周匝庄严功德佛、宝华游步佛和宝莲华善住娑罗树王佛）神像等。殿内原存放有用金、银、墨等写成的《甘珠尔》以及很多唐卡，今已不存。

藏区的建筑深受宗教的影响

楚布寺：

位于堆龙德庆县境内，距拉萨约七十公里。楚布寺是噶玛噶举派的主寺。活佛的转世习俗就是从楚布寺开始的，后来被西藏的其他教派推而广之。海拔4300米，位于拉萨市堆龙德庆县西北的楚布河上游。楚布寺规模庞大的建筑群以大殿为中心进行分布，其中包括经堂、佛堂、护法殿、佛学院、密宗修习院、活佛私邸及僧舍等。

楚布寺拥有大量稀世文物，值得一提的有：江浦寺建寺碑，现位于楚布寺大殿内，高约两米半，宽约半米，上刻古藏文，该碑对研究吐蕃时期政治、经济、宗

楚布寺是藏传佛教噶玛噶举派在西藏的主寺

庄严肃穆的楚布寺

教等有重要的史料价值;空住佛,是楚布寺镇寺之宝,是第八世噶玛巴为纪念其上师而塑造的银像,传说银像塑成之后竟自动悬浮空中达七天之久,故有空住佛之说;楚布拉千,“拉千”即大佛之意,高约6米,传说为二世噶玛巴所铸。此外,玛恰噶拉石刻塑像、米拉日巴曾用过的钵、都松钦巴的僧帽等都是楚布寺弥足珍贵的宝物。

环抱着楚布寺的土吉钦波神山上有着一系列著名景点,如天葬台、静修室和历代噶玛巴闭关洞、十七世噶玛巴转山时于石头上留下的心咒字样等。

羊八井加日岗遗址:位于当雄县羊

那曲风光

八井镇以北约 3 公里处吉隆多村西曲那曲河岸第二台地加日塘平坝上，距河面高约 100 米，铁路路基标记穿过遗址的南北中线，海拔 4234 米。此地是藏北草原最南面的牧区，海拔比那曲地区低 200 米，周围水草丰富、视野开阔、易于避风、地理环境比那曲还要优越，是人类比较理想的生存场所。

通过发掘，发现该遗址地面上暴露有较多的细石器。其原因可能是水土流失、风化等原因，和当地气候也有关。第二层地面上发现有火烧的木炭，证明远古人类曾在这里生活过。该遗址没有发现房屋遗迹，推测是游牧民族临时定点生活区，不是永久性居住地。细石器占多数，其次有少量陶片，文化内涵比较单一，可能是畜牧业经济为主的一种反映。从以上发掘情况来看，该遗址的年代初步断代为距今 3000—4000 年。

加日岗遗址是在海拔 4000 米以上牧区首次发现的新石器时代的文化遗址，也是昌都卡若遗址之后，西藏境内发现的第七处经过科学调查和发掘的新石器时代遗址。

该遗址的原始文化具有明显的高原牧区特点和时代特色，和西藏境内已知的新石器时代遗址相比较，是有着较大差异的。加日岗出土的大量细石器中有引人注目的制作精美的各种石核和透明的水晶石叶和玛瑙石叶等。

出土陶片中腹部上饰有细绳纹，颈部饰有附加堆纹，颈部下端有乳凸眼堆纹，口沿顶部有斜线花边纹，陶器制作精美，工艺独特。这种器形和纹饰，是一种新的独特文化类型。此外，在遗址中还首次出土了众多不同种类的细石器如石核、石叶、石片。

雅砻河风景名胜区：位于西藏自治区山南地区正南的乃东、扎囊、加查、洛

雅砻河风景区

俯瞰雍布拉康

扎、贡嘎等六个县境内。山南地区是藏民族的发祥地之一。该区雪山冰川、河滩谷地、田园牧场、古老文化遗址和民风民俗等构成了神秘、古朴而壮丽的画面。区内植物种类丰富，植被随海拔变化呈垂直带分布。河谷地区热带季雨林，被誉为西藏的西双版纳。

人文景观体现了藏民族最早在山南地区的文明。雍布拉康，藏语意为母子宫，位于乃东县东南，雅砻河东岸的山顶上。相传建于公元前1世纪涅赤赞普时代，是西藏第一座宫殿建筑。前后两部分均以石块砌成、巍峨挺拔、气势雄壮。殿堂内现供奉吐蕃松赞干布和文成公主、尼泊尔尺尊公主塑像，造型精美；还保存有很多历代文物和典籍。桑鸢寺，为西藏第一座寺庙，坐落扎囊县境内雅鲁藏布江北岸，古称“乌登勃来”。现存建筑基本上是七世达赖时期重建的。始建于唐大历年间。“桑鸢”藏语的意思为“不可思议”，是西藏第一座剃度僧人出家的寺院。寺几经火灾，重修后已不复旧观，但仍保持原有外观。正方向朝东，总平面圆形，四周有围墙，墙头上，每约1米有一红陶塔，墙内为敞回廊，正中为乌策大殿，象征世界中心的须弥山。大殿高三

层，底层为藏式建筑风格，中层为汉式建筑风格，顶层为五塔相峙的印度建筑风格。这种特殊的建筑寺庙为全国罕见。

全国重点文物保护单位有昌珠寺和藏王墓。昌珠寺坐落乃东县南约2公里雅砻河东岸，与赞塘寺隔河相望。始建于7世纪40年代，为松赞干布主持建造的。现存建筑是十三世达赖修缮的。藏语鹞、鹏、鸟为昌，龙为珠，寺成取名昌珠。这名字又与民间传说“引龙出湖”“断龙为三”有关。寺内文物，寺外柳林，不少与文成公主有关。藏王墓，又称吐蕃历代赞普墓，坐落琼结县城对面的木惹山上。为7世纪至9世纪历代吐蕃赞普的墓葬

昌珠寺始建于松赞干布时期

圣湖玛旁雍措风光

群，现有墓 19 座，方圆达 3 公里，形制大致相同，均为方形平顶。相传松赞干布和文成公主及前后几代赞普均葬于此，但都未发掘。上述人文景观都有鲜明的民族地域特点。

玛旁雍措：

位于冈仁波齐峰东南 20 公里处，纳木那尼雪峰北侧，海拔 4588 米，面积 412 平方公里，湖水最深可达 70 米，是世界上最高的淡水湖。天气晴朗时湖水蔚蓝，碧波轻荡，白云雪峰倒映其中，湖四周的远山隐约可见，景色奇美。

许多宗教典籍和传说中都曾记载

玛旁雍措的湖水清澈碧蓝

描述过玛旁雍措。印度传说中称这里是湿婆大神和他的妻子——喜马拉雅山的女儿乌玛女神沐浴的地方，而西藏的古代传说认为这里是广财龙神居住的地方。玛旁雍措又称玛法雍措，藏语意为“永恒不败的碧玉湖”，据说这是为纪念11世纪佛教战胜当地苯教所取的名字，源起于11世纪在湖畔进行的一场宗教大战,结果,藏传佛教噶举派大胜外道黑教,“玛旁”就是纪念佛教的胜利,此湖因而得名……唐朝高僧玄奘在其所著《大唐西域记》中对玛旁雍措也有所描写,将这里称为“西天瑶池”。佛教经典中将一处湖泊称为“世界江河之母”,它所指的就是与神山并列齐名的“圣湖”——玛旁雍措。过去湖周围有九座寺庙,它们分别是位于东面的止贡噶举的修习地色瓦龙寺,位于东南面的萨迦派聂果寺,南面的格鲁派的吹果寺，西南面的止贡噶举大德果仓瓦的修习地果祖寺，西面的莲花生大师的修习地切马寺，西北面的高僧修习洞，北面的竹巴噶举派的朗那寺和东北面的格鲁派的苯日寺。

历来的朝圣者都以到过此湖转经洗浴为人生最大幸事。其实,玛旁雍措作为圣湖之王的地位，即使是对一般旅游观光的游客来说，也是无可置疑的。信徒们认为，这里的圣水能够洗掉人们心灵上的“五毒”（贪、嗔、痴、怠、嫉），清除人们肌肤上的污秽。印度人对玛旁雍湖的敬仰之情还由于印度著名的领袖圣雄甘地的骨灰也曾撒入了玛旁雍湖。所以每年夏季，印度、尼泊尔和西藏的香客纷纷到此朝圣沐浴以求功德，他们还将圣湖的水千里迢迢带回家去，当做珍贵的礼品，馈赠亲友。

圣湖有四大浴门：

东面为莲花浴门，南面为香甜浴门，西面为去污浴门，北面为信仰浴门。楚古寺周围被尊为圣洁的浴场。圣湖四

玛旁雍措在藏语中意为“永恒不败的碧玉湖”

圣湖养育了这个地方的生灵

面还有四水之源：东面为马泉河，北面为狮泉河，西面为象泉河，南面为孔雀河。以天国中的马、狮、象、孔雀四种神物命名的这四条河，分别又是南亚著名的恒河、印度河、萨特累季河和雅鲁藏布江的源头。

藏文古籍《冈底斯山海志》中是这样记叙的：圣湖玛旁雍措中有一座广财龙王的龙宫，龙宫聚集了世间众多的财宝。来到这里朝圣的人，只要绕湖一圈或在湖边得到湖中的一条小鱼、一块小石头、一根飞鸟的羽毛便算是得到了龙王的赏赐。

四　巧夺天工的民族工艺

昌都地区出土的双耳罐

制陶：

藏族的制陶业至少有五千年的历史，种类包括粗砂陶、挂釉陶、紫砂陶、黑陶、彩陶等，成品主要用于宗教活动及生活用品。

金属加工：

据文献记载，早在吐蕃传说中的第一位赞普时期，古代藏族社会就进入了铜器和铁器并用的时期。金属制品按用途可分为三大类：生活用品、装饰用品、宗教用品。宗教用品主要用来制作佛像，它一般都要经过金属冶炼、锻造、雕刻、镀金、磨光、上红等工序，工艺也十分考究。

造纸：

藏族的造纸历史很悠久。根据纸的用途多选用不同年生的草本植物，制成种类繁多的藏纸，其中“达波纸”“孟噶纸”“金东纸”及“阿交加交纸”最为著名。“阿交加交纸”具有很强的毒性，可防虫蛀鼠咬，由于原料茎秆绵柔，“阿交加交纸”经久不烂，藏区寺庙中许多完好无损的经文，就是用这种纸印刷的。

氆氇：

藏语音译。藏族人民手工业产品，用牛、羊毛混纺或专门用羊毛织出的毛料。盛产在山南、日喀则及拉萨等地。一

藏族人喜欢穿着具有浓郁藏族风情的氆氇袍

藏族女子

藏刀

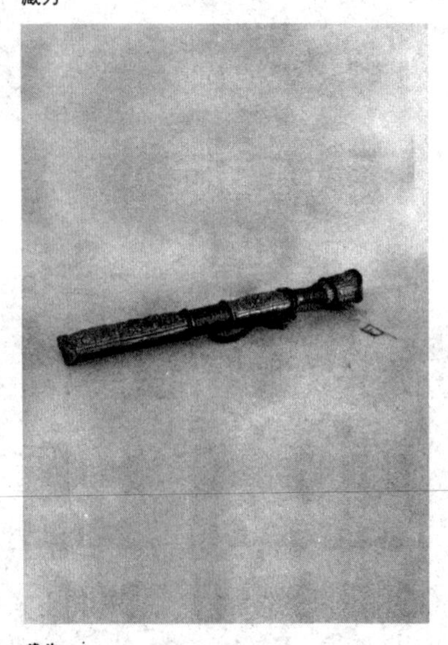

般用于做衣服和坐垫等材料。品种很多，总的分为普通氆氇和细氆氇。

竹笔：

藏族书法历来使用竹笔。竹笔是将用骨髓或酥油浸润的竹子烘烤、削制而成。竹笔一般长 13 厘米、宽 1 厘米，笔尖为鸭嘴状，正中有一蓄墨的细缝。西藏的竹笔，以产于察隅、林芝的“普兰笔”为最多。其贵重与否，不但取决于产地，而且主要取决于笔帽的装饰原料。

五　神秘的藏族风俗

藏族人最喜欢饮用的青稞酒

俗话说得好，入乡随俗。既然谈及藏族，就要了解藏族独特的民族风俗。让我们从饮食、服饰、礼仪、节日、禁忌等方面来感受一下别具特色的藏族风情。

(一) 藏族的饮食习惯

民以食为天，我们先来看看藏族的饮食习惯。藏族的农牧民以青稞等制作的糌粑和酥油、青稞酒为主要食品。糌粑是由青稞或碗豆炒熟后磨制而成的炒面，把糌粑用酥油茶或青稞酒搅拌在一起，手捏成小团来食用。酥油茶是把砖茶的茶叶倒入一米长的木质长筒内，加上盐巴和酥油，用长轴上下冲击，使其均匀融合。藏族同胞宁可三月无肉，不可一日无酥油茶。青稞酒是用当地出产的青稞酿制而成的一种低度美酒，可谓是藏族男女老少皆宜的佳品。藏民喜欢肉类食品和奶制品。藏族人民身强体健可能与他们的饮食习惯有很大有关系。

(二) 独具特色的民族服饰

我们通过传媒经常能够看到藏族绚彩华丽的藏族服饰。但是不同的地域，又有着不同的服饰。共同的特点是长袖、宽腰、大襟。女装典雅潇洒，男装雄健豪放。女性一般上身内穿立领长袖绸缎长袍，外套圆领右衽、金色或银质纽扣的坎肩。

坎肩领口，襟边镶有很宽的锦缎，腰间系宽彩带，并配彩条围腰或毛质搭裙。下穿黑色长裤，穿高筒藏鞋或黑布鞋。喜配戴耳环、护身符、玛瑙项链、银链、银镯等饰品。

男子头戴毡帽或皮帽，上身内穿立领长袖右衽短衣，外穿大领右衽长袍，腰系色彩鲜艳的绸子或毛线编织的饰有多个口袋或雕有佛像等图案的腰带，腰带上还往往挂一把腰刀，并挂上小匕首和银筷筒。下穿深色长裤，脚穿皮制或毡缝制的长筒靴，并将裤管紧扎靴中。许多男性也喜配戴耳环、项链、手镯等饰品。

藏族穿戴饰品众多，主要原因是藏族的祖先一直以游牧为生，并常随季节变化而迁徙，携带行李不便，因此就把自己的财产换成值钱的饰品或贵重的礼服穿戴在身上，这样既方便又能显示出自己的财产和身份。这一风俗一直沿袭下来，但今天不再是为了方便迁徙，更多的是成为了装饰。

在西藏，传统的民族毛织技艺有着悠久的历史，从拉萨出发沿拉泽公路在距离贡嘎县县城 17 公里的杰德秀镇，是西藏历史上的八大古镇之一，一直就

藏族人很讲究配饰

鲜艳美丽的藏族“邦典”

有“邦典”之乡的美誉，已经有上千年毛织品生产的历史。相传文成公主所穿的氆氇服装便产于这个镇。

“邦典”藏语的含义是毛织围裙，是藏族妇女的藏装上的一种特殊标志，是一种五颜六色、细横线条的氆氇(藏袍原料)，后来成为藏族妇女喜爱系在腰间的装饰品，也就渐渐成了藏式围裙的代名词。它的原料与氆氇相同，但比氆氇单薄、精致、小巧。藏族人用邦典来制作妇女的坎肩、围裙和挎包，或者镶嵌在藏袍边上，现代人还用它装饰客厅的墙壁。

邦典不仅仅是藏族妇女生活上的装饰，更为重要的是它成为了一个女人成长成熟的标志。一位藏族少女长到 15 岁以后，家人就要择日为她举行成人礼。其中主要的形式就是头戴巴珠卡，腰部也第一次系上五彩的邦典，然后要接受老人敬献的哈达和祝福的话语，老人的心中往往是百感交集，这一天预示着又一个孩子即将长大。

据说邦典的制作方法与文成公主有很多联系，文成公主进藏时将许多染料带到了高原，一路上她就把染色的方法教给大家，这才有了今天五彩斑斓的邦典；再看这些邦典上又多了个三角形，藏语称作“卓典”。

(三)藏族的民族礼仪

藏族也有献哈达表敬意的礼仪习惯，藏族同胞把“哈达”看做是最珍贵的礼物。“哈达”是宽约二三丨厘米、长约一至两米的雪白织品，用纱或丝绸织成，每有喜庆之事，或远客来临，拜会尊长，远行送别，都要献哈达以示敬意。

活佛和一些领主逝世后即享受火葬

藏族还有什么独特的待客之道呢？藏族在迎接客人时要用手蘸酒弹三下，还要在五谷斗里抓一点青稞，向空中抛撒三次。在宴席上，主人端起酒杯先饮一口，然后一饮而尽，主人饮完头杯酒后，其他人才能自由饮用。饮茶时，客人必须等主人把茶捧到面前才能伸手接过茶饮用，否则认为是失礼。吃饭时讲究食不满口，嚼不出声，喝不作响，拣食不越盘。藏族用羊肉待客，以羊脊骨下部带尾巴的一块肉为贵，要敬给最尊敬的客人。制作时还要在尾巴肉上留一绺表示吉祥的白毛。

(四)与众不同的婚丧习俗

西藏人死后有五种葬法，最隆重的是塔葬，其次，活佛和一些领主逝世后，即享受火葬。小孩或因其他疾病死亡的人，则把尸体丢进河里水葬。生前作过

布达拉宫前张灯结彩迎接藏历新年

坏事的人，即用土葬。藏族认为，被埋的人是永远不会转世的。天葬寄托一种升入“天堂”的幻想。天葬仪式一般都是在清晨举行的。死者家属在天亮前，要把尸体送到拉萨北郊的天葬台，太阳徐徐升起，天葬仪式也随之开始。不经允许一般是不欢迎人们去观看的。

（五）藏族独特的民族节日

新年：藏族节日繁多，其中最为隆重、最具有全民族意义的要数藏历新年。藏历新年相当于汉族的春节，是一年最大的节庆。从藏历十二月中旬开始，人们就准备过年吃、穿、用的节日用品。藏历新年的欢庆活动从藏历初一持续到藏历正月十五。

商家出售的藏族家庭过年摆放的吉祥羊头

藏族称新年为“洛萨”，藏族的新年有两种，一种是藏历农家年，一般只在西藏日喀则一带，其中包括西藏拉萨的尼木县。是后藏一带的藏族过的新年，他们把每年的藏历十二月一日定为藏历农家新年。另一种是西藏大部分地区都过的藏历每年一月一日的新年。藏历是中国藏族人民的传统历法，基本上与夏历相同。据记载，公元前一百年以前，藏族就有自己的历法，它以月球圆缺一个周期为一个月，大小月相间，大月三十日，小月二十九日。平年十二个月，全年三百五十四日；闰年十三个月（平均每两年半到三年加一闰月），全年三百八十四日，用以调整月份和季节关系。藏历重视“定望”，不重视“定朔”，即“望”必须在每月十五，“朔”不一定在每月初一，这样藏历与夏历日序有时相差一天。

藏历采用干支纪年，以“阴阳”与“木、火、土、金（藏文直译为铁）、水”五行相配代替十干，以十二生肖代替十二

布达拉宫壁画藏历二月卅日节

支，再以十干和十二支相配成，如：阳木鼠、阴木牛、阳火虎、阴火兔等。藏历还采用二十四节气，对五大行星运行和日月食也做预报。

根据藏历理论，每三十二个半月应闰一个足月，这样藏历年与农历春节的日期就形成了一个特定的“三年循环”，即头一年相同，第二年差一天，第三年差一个月，然后再循环。一年有十二个月，月有大小，有星期。

自 1027 年藏历的火兔年（宋天圣五年丁卯）开始，每六十年称为一个“饶回”，相当于甲子。藏历为阴阳合历，已有一千三百余年历史。藏族最初运用物候观察，以麦熟为岁首；后受古代汉历、印度历的影响，自公元 624 年始有纪元，称“火、空、海”纪元；自 7 世纪中叶开始用十二年循环纪年；至 9 世纪前期进而使用六十年循环纪年。到公元 1027 年，自印度译《时轮经》为藏文，时为藏历阴火兔年，藏语将此年称为“饶回”，意为“胜生”，遂以此为纪元，称“胜生周”纪元。藏历的年长度为 365．270645 太阳日，月长度为 29.530587 日。后来在 7 世纪，唐朝文成、金成两位公主先后入藏成婚结盟，带来内地的历法。此后，藏族古历法

与汉历、印度历法相结合，到元代时形成了天干、地支、五行合为一体的独特的历法。大约在13世纪元代的萨迦王朝时，规定藏历元月一日为新岁起始，沿袭至今。

转山会：

转山会是藏族传统节日，又称沐佛节、敬山神。在甘孜、阿坝藏族地区普遍流行。每年农历四月八日，有九龙叶水为其沐浴，因此又谓沐佛节。每年这一天，甘孜藏区远近群众身着民族服装，在马山上和折多河畔汇集，人们先到寺庙里燃香祈祷，焚烧纸钱，然后转山祭神，祈求神灵保佑。然后，支起帐篷进行野餐，演藏戏、唱民间歌谣、跳锅庄舞、跳弦子舞，骑手们还进行跑马射箭比赛。在此期间，人们还要有交流物资和其他文化体育活动。

采花节：

采花节是南坪县博峪一带藏族传统节日。每年农历五月初五举行，为期两天。传说在很久以前博峪是一个荒僻的山沟，人们以采集和狩猎为生，以树叶和兽皮做衣服。一天，从远方来了一位叫莲芝的姑娘，她美丽善良、心灵手巧，教会了当地人们开荒耕种和织布缝衣，还采

关于采花节的起源有一个美丽的传说

来百合花为人们治病。有一年五月初五这天，莲芝上山采花，被大风卷下悬崖摔死了。人们很悲伤，于是在每年的这一天都会上山采花纪念她。从此就有了采花节。

萨噶达瓦节：

萨噶达瓦节是藏族在每年四月十五日举行的节日。关于萨噶达瓦节有不同的两种说法：一种是说这个节日是纪念释迦牟尼成道的日子；另一种是说这个节日是纪念文成公主到达拉萨的日子。每当这天西藏各地都要举行宗教纪念活动。在云南的藏族人民有的还要到维西县的达摩山朝拜，还有“转葛拉”(绕山)的仪式。

藏族女子

女儿节：

女儿节是甘肃文县的藏族在每年农历五月初四、初五举行的节日。节日期间，姑娘们由自己的胞兄陪同，穿上艳丽的服装，带上美味可口的佳肴，上山采茶对歌，和小伙子互相敬酒，祈祝吉祥。

望果节：

望果节是西藏藏族传统节日之一。节期为一至三天不等。每年七月，粮食收成在望，藏民们便背着经卷转绕田

哲蚌寺曾是雪顿节活动的中心

间，预祝丰收。同时举行赛马、射箭、文艺表演等活动。

雪顿节：

雪顿节是藏族传统节日，起源于11世纪中叶。藏语“雪”意为“酸奶”，“顿”意为“宴会”，雪顿节即为酸奶节，每逢藏历六月三十日举行，为期四至五天。据佛教规定，出家比丘在一段时间内禁止出门。夏季，藏历六月底期满，比丘出寺下山，世俗百姓以酸奶子进行施舍。

17世纪中叶，清朝正式册封五世达赖和四世班禅后，西藏各地著名的藏戏团体集中到拉萨为雪顿节助兴，雪顿节活动演变成为以藏戏会演为主，宗教和文娱活动相结合的重要节日，故又称“藏戏节”。因其范围局限在寺庙内外，并以哲蚌寺为中心，故称为“哲蚌雪顿节”。18世纪初，雪顿节活动中心从哲蚌寺又转移到罗布林卡，允许市民入园观看藏戏。

节日期间有哲蚌晒佛、藏戏表演、逛林卡等活动。每年的藏历六月三十日，拉萨市西郊的哲蚌寺都举行盛大的“展佛”活动，让更多的信徒有机会膜拜佛祖。节日期间，罗布林卡内，人山人海，林木间到处是帐篷、地席，藏族群众欢聚在这里喝着青稞酒、酥油茶，吃着酸奶子，并观看藏戏和欣赏各种文艺节目。

白来日追节：

白来日追节是藏历十月十五日举行的一年一度的藏族传统节日，即“吉祥天母节”。

关于这个节日的起源，藏族民间有个生动的传说：大昭寺的守护神母玛索杰姆有三个女儿，小女儿白拉协姆，二女儿东赞杰姆，大女儿白拉扎姆。因为她们不听话，母亲便许了咒，诅咒大女儿一生不得丈夫，即使有也只能一年见一次。咒愿实现了，白拉扎姆的情人赤仆宗赞住在拉萨河南岸，每年只能在藏历十月十五日相见一次。

为庆祝“天母节”，妇女们在这一天会刻意梳妆打扮，到白拉扎姆天母像前焚香祈祷。西藏自古就有不论贫富向晚辈、僧侣、小孩们进行施舍的习俗，小孩们在这一天是最快乐的，一大早就向父母要白来日追节日零花钱。

从藏历十月十四日晚上开始，朝拜白拉扎姆的信徒就络绎不绝，许多善男信女纷纷向天母敬献“哈达”，大昭寺的全寺僧众举行隆重的例行年祭和会供曼陀罗的定时大祭，并将白拉扎姆的天

每逢雪顿节，宁静的哲蚌寺就会热闹非凡

母像面朝拉萨河南岸的赤仆地，而赤仆地也把宗赞的塑像面朝北，表示两相会面之意。

藏族有着自己的生活禁忌，如行路遇到寺院，须从左往右绕行

(六) 不可忽视的民族禁忌

接待客人时，无论是行走还是言谈，总是让客人或长者为先，并使用敬语，如在名字后面加个“啦”字，以示尊敬和亲切，忌讳直呼其名。迎送客人，要躬腰屈膝，面带笑容，室内就座，要盘腿端坐，不能双腿伸直，脚底朝人，不能东张西望。接受礼品，要双手去接。赠送礼品，要躬腰双手高举过头。敬茶、酒、烟时，要双手奉上，手指不能放进碗口。藏族人绝对禁吃驴肉、马肉和狗肉，有些地区也不吃鱼肉。敬酒时，客人须先用无名指蘸一点酒弹向空中，连续三次，以示祭天、地和祖先，接着轻轻喝一口，主人会及时添满，再喝一口再添满，连喝三口，至第四次添满时，必须一饮而尽。吃饭时要食不满口、嚼不出声、喝不出响。喝酥油茶时，主人倒茶，客人要待主人双手捧到面前时，才能接过来喝。禁忌在别人后背吐唾沫，拍手掌。行路遇到寺院、玛尼堆、佛塔等宗教设施，必须从左往右绕行。不得跨越法器、火盆。经筒、经轮不得逆转。忌讳别人用手触摸头顶。

六 美不胜收的屋脊艺苑

西藏壁画是西藏绘画的主要画种之一

珠穆朗玛是世界的屋脊，在这屋脊之下，藏族人民以他们的“哈达”献给这片养育了他们的最圣洁的土地。藏族人民创造了灿烂的民族文化，在音乐、舞蹈、文学、绘画、雕塑、建筑艺术等方面，都有丰富的文化遗产。

(一) 藏族歌舞

早在12世纪至13世纪前后，即出现了论述藏族民族音乐的专著，如萨迦班达智·贡格坚赞的《论西藏音乐》等。寺庙中至今保存并使用藏族的古老图形乐谱——央移谱。

1.藏族音乐

藏族传统音乐特色鲜明、品种多样，包括民间音乐、宗教音乐、宫廷音乐三大类。民间音乐可分为民歌、歌舞音乐、说唱音乐、戏曲音乐、器乐等五类。卫藏、康巴、安多三大方言区的民间音乐在风格上有明显的差别，乐种亦不尽相同。宗教音乐包括诵经音乐、宗教仪式乐舞羌姆、寺院器乐；宫廷乐舞嘎尔只传于拉萨布达拉宫及日喀则扎什伦布寺。民间音乐在传统音乐中居主要地位。央移谱民歌包括山歌(牧歌)、劳动歌、爱情歌、风俗歌、颂经调等。

山歌：

卫藏地区称“拉噜”、康巴地区称

"噜"、安多地区称"勒",是在山野间自由演唱的歌曲。山歌音域宽广,节拍、节奏自由,旋律起伏较大、悠长高亢,极富高原特色。安多地区的山歌当地亦称为酒曲。牧歌流行于牧区,与山歌音乐特点相近。甘孜山歌《阿中》是很具有代表性的一首。

劳动歌:

藏语称"勒谐",种类甚多,几乎在各种劳动中都有特定的歌曲。有的节奏鲜明,与劳动动作紧密配合,如打青稞、挖土、打墙等;有的节奏较为自由,如放牧、犁地、挤奶等。劳动歌有独唱、齐唱及一领众和等形式。

翩翩起舞的藏族姑娘

美丽的藏族女孩身着盛装跳起舞

爱情歌：

包括情歌、情茶歌等，安多地区称情歌为“拉伊”，卫藏地区称“嘎噜”。情歌音乐有的较深情，有的较开阔自由，接近山歌风格。情茶歌藏语称“克加”，流传于云南中甸等地，是在青年男女们聚会、饮茶以表达爱情时唱的歌，包括招呼歌、进门歌、对歌、感谢歌、告别歌等。风俗歌包括酒歌、猜情对歌、婚礼歌、箭歌、告别歌等。

2.歌舞音乐

藏族民间歌舞形式多样，特色鲜明，各地区的名称也不相同。歌舞曲的唱词内容广泛，如歌颂日月星辰、山河大地，赞美妇女的容貌服饰、思念亲人、

纵情歌舞的藏族青年男女

祝福相会、祝颂吉祥如意以及宗教信仰等内容。

果谐是一种古老的歌舞形式，意为圆圈歌舞，流传广泛，萨迦地区称“索”，工布地区称“波”或“波强”，藏北牧区、安多地区等称“卓”或“果卓”(俗称锅庄)。果谐多在节日喜庆、劳动之余和宗教仪式上演唱，参加者相互拉手扶肩，边唱边舞，不用乐器伴奏。

堆谐是西藏西部地方的歌舞。堆是高地的意思，指雅鲁藏布江流域由日喀则以西至阿里整个地区。堆谐在拉萨地区极为盛行，最初只用札木聂伴奏，后发展为小型乐队伴奏。

弦子藏语称“页”“伊”或“康谐”，流

行于康、卫藏地区。由于歌舞时男子用牛角胡或二胡在队前领舞伴奏，故称弦子。弦子发源于西川巴塘，巴塘弦子以曲调优美、曲目丰富、舞姿舒展而著称。弦子的音乐极富歌唱性，结构简练。

囊玛：

主要流行在拉萨地区。囊玛的音乐基本上由中速的引子、慢板的歌曲及快板的舞曲三部分组成。歌曲部分的音乐典雅优美，演唱时伴以简单舞蹈动作；舞曲部分热情活泼，舞蹈轻快舒展，表演者只舞不唱，伴奏形式与堆谐相同。

谐钦：

流传于西藏拉萨、山南、日喀则、阿里等地区的古老仪式歌舞形式，多在隆

藏族舞蹈舞姿舒展轻快

轻歌曼舞的藏族少女

重节日或仪式时演唱。谐钦一般由多首带有标题的歌舞曲组成，首尾乐曲分别称为“谐果”(引子)及“扎西”(吉祥)，每首歌舞曲由慢板及快板，或由慢板、中板、快板组成，音乐古朴热情。歌词内容有人类起源、历史传说、赞颂祝福等。

热巴：

热巴是藏族的一种以铃鼓舞为主，包括弦子、锅庄、踢踏、说唱和杂要在内的综合表演艺术。相传为11世纪的流浪僧人米拉热巴所首创，距今已有九百多年的历史。舞时，男执铜铃，女举手鼓，舞蹈由慢而快，常作“顶鼓翻身”“躺身蹦子”“单腿转”等特技表演。从事这种表演的艺人也称为“热巴”。

踢踏舞：

藏族踢踏舞，最初为宫廷舞。跳舞时，脚穿硬底皮鞋，通过踏出有变化的节奏表达内心的感情。踢踏舞由横笛、扬琴、六弦琴、铜铃、月琴等伴奏，节奏由慢而快，达到高潮时以结束步突然结束。

勒谢：

勒谢是藏族的一种劳动歌舞。在劳动的同时，口中的歌与手中的工具及腿脚有节奏的动作相配合，使劳动成为边歌边舞的形式。在进行铲土、打夯、垛麦

藏族歌舞热烈而欢快

等强体力劳动时，口中的歌有很强的劳动号子味道。

此外，还有流行于西藏地区的卓谐（鼓舞），流行于云南中甸地区的雄冲、卓见，流行于甘南地区的多底舞、嘎巴舞等。

3.说唱音乐

藏族说唱音乐有仲谐、折嘎、嘛玛尼等，多由民间艺人和僧人演唱。仲谐意为讲故事的歌，有说有唱，流传甚广，内容多为长篇民间故事或叙事诗，如《格萨尔王传》《藏岭·尼麦贡觉》等。唱腔数量甚多，大多具有朗诵性特点，结构多为上下句组成的乐段及其变化重复。

折嘎是贫苦流浪艺人乞讨时，或游方僧人化缘时表演的一种说唱音乐。多用牛角胡琴伴奏，自拉自唱。有的艺人只用木棒做道具，一面说唱，一面表演动作。唱词有的讲述故事，有的即兴编词，多为颂赞主人的吉利话。音乐简单朴素，具说唱特点。

嘛玛尼是一种古老的说唱形式。演唱者多为尼姑或民间艺人，他们张挂起描绘佛经故事的轴画，向群众说唱画中故事。

4.戏曲音乐

藏戏是广泛流行于藏族地区的以歌舞形式表现故事内容的综合性艺术。藏语称“阿吉拉姆”，意为“仙女大姐”。相传

藏戏拥有众多的艺术品种和流派

是15世纪初由噶举派喇嘛唐东杰布为化募修建雅鲁藏布江铁索桥资金而创。

藏戏包括西藏藏戏(阿吉拉姆)、安多藏戏(南木特)、德格藏戏、昌都藏戏等四个剧种，各剧种的唱腔、音乐、表演、服饰等具有不同特色。西藏藏戏及安多藏戏流传较广，影响较大。西藏藏戏历史悠久，其起源可追溯到8世纪赤松德赞时期，在桑鸢寺落成典礼上，艺人们将藏族民间舞与佛经故事结合成为一种哑剧式的跳神仪式。

藏族乐器——鼓

传统剧目大多取材于民间故事、历史传记、历史事件，如《文成公主》《诺桑王子》等。连台演出，并穿插歌舞，演唱时，其他演员也合声帮腔。唱腔变化较多，舞蹈动作舒展。一出戏一般分为三个段落。伴奏主要用鼓、钹等。化妆、道具都很简单，过去多在广场演出。

(二) 藏族器乐

藏族民族乐器种类繁多，弹拨乐器有札木聂、扬琴；弓弦乐器有牛角胡、贴琴、根卡、胡琴、热玛琴等；吹管乐器有竖笛、骨笛、大号、号、唢呐、铜笛、海螺、口弦、竹笛、泥笛等；打击乐器有大鼓、热巴鼓、达玛鼓、巴郎鼓、锣、镲、串铃等。其中的札木聂、牛角胡、大号、竖笛最富有特色。札木聂即六弦琴，据传已有600—700年历史，是民间歌舞堆谐、囊玛和札木聂弹唱的主要伴奏乐器。牛角胡，藏语称“比汪”或“比庸”，与二胡形式相似，但琴筒用牛角制成，主要为弦子及折嘎伴奏。竖笛、骨笛流传于牧区。竖笛用木制，骨笛用鹰腿骨或羊腿骨制成，音区高，音量小，声音尖细，常用以吹奏牧歌曲调。大号，藏语称“同钦”，铜制，管身无孔，长约三米，下端有大喇叭口，能吹出基音及五度泛音，音量宏大，多用于寺院仪式活动及藏戏音乐中。

根卡，是藏族弓拉弦鸣乐器。历史悠久，最早只用于古典歌舞“囊玛”的伴奏，

藏族传统乐器

末在民间流行。音色富有浓厚的高原风味，已用于独奏、重奏、合奏或为民间歌舞伴奏，深受藏族人民喜爱，流行于西藏自治区拉萨、日喀则等地。

勤劳的藏族人民，多才多艺，能歌善舞。据古籍记载，早在一千三百多年前，藏族音乐受到中原文化的影响，就发展到较高的水平，并有了较完美的歌舞艺术。

(三) 藏族文学

藏族文学历史悠久，作品丰富，民族风格鲜明，文学语言精湛，足以让世人惊叹。它在世界文学宝库中也占有重要的地位。

藏族传统乐器

西藏唐卡中格萨尔王的威武形象

《格萨尔王传》：

相传在很久很久以前，天灾人祸遍及藏区，妖魔鬼怪横行，黎民百姓遭受荼毒。大慈大悲的观世音菩萨为了普度众生出苦海，向阿弥陀佛请求派天神之子下凡降魔。神子推巴噶瓦发愿到藏区，做黑头发藏人的君王——即格萨尔王。他具有特殊的品格和非凡的才能，他是神、龙、念（藏族原始宗教里的一种厉神）三者合一的半人半神的英雄。格萨尔降临人间后，多次遭到陷害，但由于他本身的力量和诸天神的保护，不仅未遭毒手，反而将害人的妖魔鬼怪杀死。格萨尔自幼家贫，于现阿须、打滚乡放牧，由于叔父离间，母子漂泊在外，相依为命。5岁时，格萨尔与母亲移居黄河之畔，8岁时，岭部落也迁移至此。16岁赛马选王并登位，遂入岭国都城森周达泽宗并娶珠姆为妻。格萨尔一生降妖伏魔，除暴安良，南征北战，降伏了入侵岭国的北方妖魔，战胜了霍尔国的白帐王、姜国的萨丹王、门域的辛赤王、大食的诺尔王、卡切松耳石的赤丹王、祝古的托桂王等，先后降伏了几十个“宗”（藏族古代的部落和小邦国家）。统一了大小一百五十多个部落，岭国领土始归一统。在降伏了人间妖魔

《格萨尔王传》反映了藏族悠久的历史

之后，格萨尔功德圆满，与母亲郭姆、王妃森姜珠姆等一同返回天界。完成了他降妖伏魔、抑强扶弱、造福百姓的神圣使命。

被称为“仲鲁”的《格萨尔王传》是中国三大史诗之一，是世界上最长的英雄史诗。它以说唱的形式描写和反映了藏族古代历史，是研究青藏高原古代社会史的重要文献。《格萨尔王传》是藏族人民的集体创作，约有一百多部。因是口头说唱，艺人随时有所增减，内容并不固定，但故事基本情节、主题思想是固定的。它以雄浑磅礴的气势，通过对几十个邦国、部落之间战争的有声有色的叙述，反映了 6–9 世纪以及 11 世纪前后藏族地区的一些重大历史事件，表达了藏族人民渴望和平统一的美好理想。《格萨尔王传》卷帙浩繁，内容丰富，在某种意义上说，是藏族文化的一部百科全书，是研究藏族历史、社会、文化、宗教、风情、道德、语言等方面的宝藏。

《米拉日巴道歌集》：

米拉日巴是藏族古典诗人、佛学家，又名脱巴噶。出生于西藏阿里贡塘娘昂杂地方(今西藏吉隆县境内)。7岁时父亲去世，留下寡母弱妹与米拉日巴三人，家产被夺，受人欺凌。米拉日巴成年后，惩罚了仇人，因而产生“悔罪”之心，遂学习佛法，以求超脱。米拉日巴是一个彻底的出世主义者。他从维护佛教的立场出

《米拉日巴道歌集》从维护佛教的立场出发，抨击了那些欺名盗世之人

米拉日巴道歌广泛流传于民间

发，反对和抨击那些借佛教之名以图富贵、贪鄙虚伪、欺世盗名的宗教上层人物。终身坚守佛教的清规戒律，遁迹山林，潜心苦修，在佛学上获得相当高的成就，成为噶举派的创始人之一。米拉日巴自幼喜爱唱歌，嗓音甚好，颇受群众欢迎。晚年成为名僧后，遂借用民歌形式，向弟子和信徒宣扬佛法，并创作了许多道歌，广泛流传于民间。15 世纪噶举派僧人桑吉坚赞将其辑录成册，采录了近五百首诗歌，雕版印刷，刊行于世，题为《米拉日巴道歌集》。《米拉日巴道歌集》的内容，除宣扬佛法外，在一定程度上揭露了统治者残暴贪婪的反动

《米拉日巴道歌集》描绘了西藏美丽的自然风光

本性，抨击了某些上层喇嘛假佛济私的卑劣行为，还有一些诗篇则生动地描绘了西藏高原优美的自然风光。米拉日巴的诗歌多数采用鲁体民歌格律，前面几段是比兴，最后一段点出主旨，把社会生活、自然景观与佛教哲理融合在一起，深入浅出，生动形象，通俗易懂。后世仿作甚多，形成了藏族诗歌的一个流派。

《萨迦格言》：

藏族第一部哲理格言诗集是《萨迦格言》。作者是藏族学者、诗人萨班·贡噶坚参(1182—1251年)。其幼年学佛典与梵文。青年时代，精通五明之学(五明是藏族对一切学问的总称，包括大五明和小五明，共十科。大五明指工艺学、医学、声律学、正理学和佛学；小五明指修辞学、辞藻学、韵律学、戏剧学和星象学)，被尊称为“萨迦班智达”(班智达系印度语，意为学者)。《萨迦格言》成书于13世纪上半叶，作者声明写作本书的目的是：“为了世人有规可循，我把圣法加以弘扬。”他以宗教家的身份观察评论各种社会现象，提出处世、治学、识人、待物的一系列主张，内容涉及区分智愚、扬善贬恶、皈依佛法等各个方面，全部格言以每首七言四句的诗歌形式写成。从此书中除了可以窥见藏族格言的写作艺术以外，还可以考察西藏农奴社会的社会思潮、道德标准、宗教意识、风土人情等等。本诗集对后世藏族格言诗的创作起了推动作用。如16世纪的《格丹格言》，18世纪的《水树格言》，19世纪的《国王修身论》以及《火的格言》《天空格言》《宝贝格言》等，从思想内容到艺术形式、写作方法诸方面，都不同程度地受到《萨迦格言》的影响。《萨迦格言》重在说理，善于运用比喻。语言简洁，形象鲜明，准确有力，用词雅俗兼蓄，既有佛经掌故，又有民俗民谚，深入浅出，别开生面。它成为藏族学者必读著作，也在群众口头广泛流传。《萨迦格言》藏区各印

《萨迦格言》仿佛一幅长长的画卷，向读者展示了西藏昔日农奴社会的概貌

建筑上的门环

身为达赖喇嘛的仓央嘉措始终未能忘怀世俗生活

藏族建筑

经院均有木刻版本，刊行不久，首先译成八思巴文、蒙古文和汉文，后陆续有英、法、日、捷、匈等多种外文译本，在国内外均有较大影响。

《仓央嘉措情歌》：

17世纪藏族情歌集。第六世达赖喇嘛仓央嘉措著。作者以亲身感受创作了大量诗歌，写出了人的内心矛盾和对现实生活的理想。这些作品不但思想内容积极进步，而且具有很高的艺术技巧。格律结构上，采取了谐体民歌的形式，基本上每首四句，每句六个音节，分为三拍。即四句六言三顿，节奏响亮，朗朗上口。情歌多取比兴，直抒胸怀，自然流畅，通俗易懂，为藏族诗歌创作开拓了新的诗风。

(四) 藏族美术

酥油花：

酥油花是塔尔寺的三绝之一。酥油花就是用酥油制成的奇花异草、亭台楼阁、飞禽走兽、各种人物。每年从立冬开始，酥油花艺人便将纯净的酥油切成薄片，和上冰水，像揉面一样揉匀，然后再掺以各种矿石染料，色泽鲜艳，经久不褪。每年农历正月十五日灯节时将做好

美丽的酥油花

精美绝伦的唐卡作品

的造型生动、形象逼真、工艺精巧的酥油花展出，成为塔尔寺盛会。

唐卡：

唐卡是用纸或布作底，用彩缎装裱而成的彩色卷轴画。唐卡不仅是寺院僧舍必备的庄严之物，而且也是平民百姓的供奉之物。唐卡因品种和质地的不同可分为刺绣唐卡、织锦唐卡、贴花唐卡和珍珠唐卡。唐卡的题材和内容十分丰富，多数以宗教活动为主题，同时也反映藏族人民的历史和民族风情。

民族风格浓郁的藏族壁画

壁画：

西藏壁画艺术有着悠久的历史。早在二千一百多年前就开始萌芽。西藏壁画艺术构图严谨、丰满，布局疏密有致，层次丰富，活泼多变。绘画以铁线描法为主，结构严谨、神态逼真、色彩鲜艳浓重，对比度好，尤其是“金”的大量应用，不仅有“描金”“干贴”，还有在表现画面最明亮处的“磨金”。“金”不仅用来勾线、画图案，而且还大量用在壁画中的饰物、供品及佛像身上，光彩夺目。西藏壁画艺术为我们研究西藏社会的发展提供了文字记载所无法代替的形象的历史资料，是中国文化宝库中一笔珍贵的遗产。

雕刻：

藏族的雕刻艺术，从画风上可分为宫廷雕刻与民间雕刻两种。宫廷雕刻拘谨刻板，而民间雕刻自由豪放、单纯粗犷。民间雕刻渗透着更多的世俗生活的风彩，多见于经板、玛尼石、岩石、古建筑物及法器等。

藏族人民生活在喜马拉雅的情怀下，展示着藏民族独特的民族意蕴；藏族人民在青稞酒、酥油奶茶的香气中，用最盛情的待客之道欢迎着每一位来藏的朋友。